NAVIRES ET SOUS-MARINS

L'édition originale de cet ouvrage
a paru sous le titre: *Ships and Submarines*
Copyright © Aladdin Books Limited, 1986
70, Old Compton Street, London W1
All rights reserved

Adaptation française de P. Zapatine
Illustrations de Rob Shone et Cooper-West
Copyright © Éditions Gamma, Tournai, 1988
D/1988/0195/16
ISBN 2-7130-0903-0
(édition originale: ISBN 0-86313 424 6)

Exclusivité au Canada:
Éditions Saint-Loup
306 est, rue Saint-Zotique, Montréal, Qué. H2S 1L6
Dépôts légaux, 3ᵉ trimestre 1988.
Bibliothèque nationale du Québec
Bibliothèque nationale du Canada
ISBN 2-920441-30-2

Imprimé en Belgique

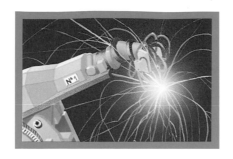

TECHNOLOGIE
MODERNE

NAVIRES ET SOUS-MARINS

Michael Grey - Pierre Zapatine

Éditions Gamma - Éditions Saint-Loup

Coque d'un navire en construction

Introduction

Comparés aux élégants navires du passé, les bâtiments modernes paraissent fonctionnels mais plutôt laids. Ils sont cependant issus des changements profonds qui ont affecté la technologie maritime au cours des vingt dernières années. Cette période a marqué le développement des porte-conteneurs, des rouliers, des méthaniers et des pétroliers géants ainsi que d'une gamme d'embarcations spécialisées répondant aux besoins des industries offshore. Cet ouvrage a pour but de survoler les technologies qui ont servi de support à ces réalisations, de montrer les principales innovations, notamment en ce qui concerne les systèmes d'armement sur les navires de guerre et l'avènement des grands sous-marins silencieux d'aujourd'hui.

Sommaire

Navires et sous-marins actuels

Le navire marchand a toujours été le meilleur moyen de transport de marchandises à travers le monde. Mais le rendement des bateaux modernes est accru: leur volume de chargement est devenu beaucoup plus vaste, leur consommation de carburant a diminué et leur équipage a été réduit. Ces progrès ont été réalisés grâce à des conceptions nouvelles, à l'adoption de techniques de pointe dans la manutention, afin de raccourcir la durée des opérations à quai, au développement de l'automation et de l'électronique à bord. Les navires de guerre modernes sont conçus pour remplir des missions multiples dans des zones variées. De plus, l'accent est mis sur les opérations sous-marines, en dotant les bâtiments de plongée de moyens sophistiqués et de missiles.

1 Propulsion

Les navires marchands modernes sont équipés de moteurs diesel à bas ou à moyen régime, parce que ceux-ci sont les plus économiques. Un moteur à bas régime actionne directement l'hélice, tandis qu'un moteur à régime moyen ne peut le faire que par l'intermédiaire d'un réducteur. Du fuel lourd, bon marché, est utilisé comme carburant. L'énergie calorifique des gaz d'échappement est récupérée et transformée en énergie électrique par un turboalternateur.

2 Navigation

Dans les navires modernes, la navigation est contrôlée électroniquement. Le bâtiment est commandé à partir de la passerelle. Le radar anticollision, l'équipement de navigation par satellite et le sonar sont tous des capteurs importants.

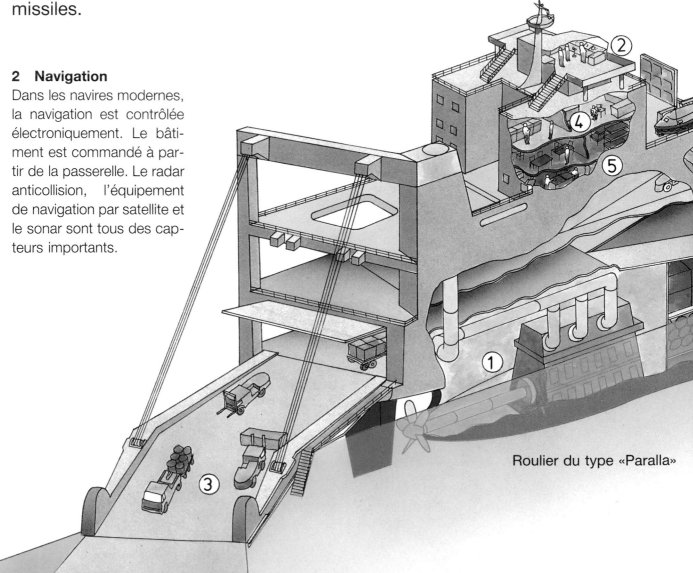

Roulier du type «Paralla»

3 La manutention

La durée du mouillage dans un port est fonction de l'efficacité de l'équipement de manutention dont dispose le navire. Certains bateaux dépendent des installations portuaires. D'autres possèdent leurs propres grues. Ci-dessous, le chargement et le déchargement des marchandises s'effectuent par un système de rampes, au moyen de tracteurs et de chariots-élévateurs.

4 Ordinateurs

Sur les navires modernes, les ordinateurs servent à la navigation, à l'analyse des données, au calcul du chargement, à la surveillance de la maintenance et du niveau des stocks. La route suivie, la vitesse et l'estimation du temps nécessaire sont affichées automatiquement. Les ordinateurs sont programmés pour assurer le pilotage automatique du navire et régler sa vitesse.

5 Logement

Le personnel étant réduit sur la plupart des navires modernes, il est généralement possible d'attribuer une cabine individuelle à chaque membre de l'équipage.

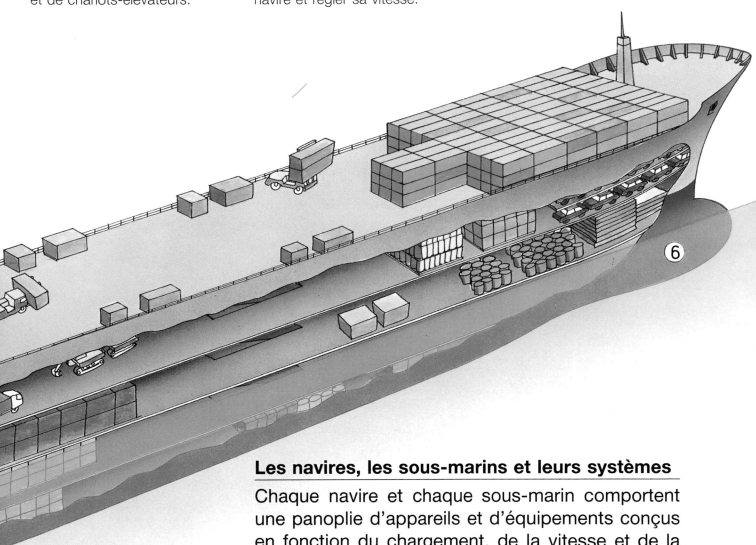

6 Matériaux utilisés

La coque d'un navire moderne est construite en acier, renforcée aux endroits les plus vulnérables, tels l'étrave et l'arrière.

Les navires, les sous-marins et leurs systèmes

Chaque navire et chaque sous-marin comportent une panoplie d'appareils et d'équipements conçus en fonction du chargement, de la vitesse et de la distance. Le coût d'exploitation et l'importance de l'équipage sont d'autres éléments importants. L'illustration montre l'un des types les plus récents de rouliers. L'immense porte arrière s'abaisse et devient une rampe d'accès qui rend ces bâtiments indépendants des installations portuaires de manutention. Ces rouliers sillonnent toutes les mers du monde avec des cargaisons variées.

Conception et construction

Les navires sont dessinés par des architectes spécialisés qui doivent tenir compte d'exigences parfois contradictoires. La coque d'un bâtiment, et sa carène en particulier, doit être lisse pour réduire la résistance à l'avancement. Elle doit tenir la mer en toutes circonstances. Un navire marchand aura des formes pleines, de façon à pouvoir transporter économiquement une charge utile, à une vitesse raisonnable. Un navire de guerre est une plate-forme d'armes, rapide et habitable même dans des conditions particulières.

Bassins d'essai et conception assistée par ordinateur

Durant la conception, des maquettes sont soumises à des tests de navigabilité dans des bassins d'essai. L'ordinateur permet d'esquisser et de vérifier une série de projets, en évitant les constructions superflues. Il est utilisé pour dessiner des plans ainsi que pour les opérations de découpage des tôles et des profilés.

Construction d'un navire

Dans un chantier naval moderne, des sections de navire sont construites dans des hangars, puis assemblées et fixées les unes aux autres.

▽ Cette photo montre une maquette de transporteur de colis lourds dans un bassin d'essai. Les tests des coques représentent une phase essentielle de la conception. Des maquettes en bois ou en céroplastique sont soumises à des houles violentes pour mesurer leur tenue en mer.

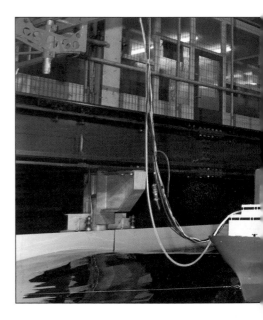

◁ Dans les bureaux d'étude et dans les chantiers navals, les ordinateurs épargnent des centaines d'heures de travail. Ils peuvent être programmés pour diriger les opérations de découpage et d'assemblage des tôles. Comme le montre la photo ci-contre, les projets peuvent être visualisés sur écran, en trois dimensions.

▷ Les progrès accomplis dans la conception des hélices ont largement contribué à augmenter le rendement de la propulsion. La «Grims Vane Wheel» est montée sur l'arbre, derrière l'hélice. Elle améliore l'écoulement et réduit la turbulence.

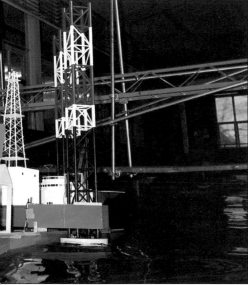

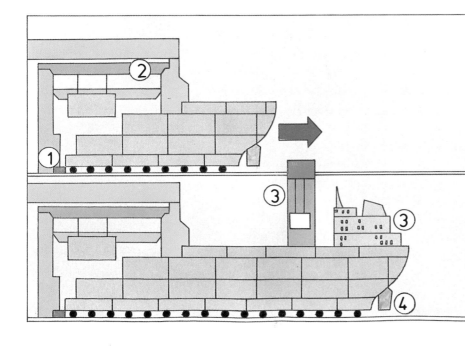

Le «block system» fait appel à des vérins hydrauliques horizontaux (1) qui, à l'aide d'un portique (2), déplacent les sections du navire à partir du hall d'assemblage.

La superstructure est mise en place (3) au fur et à mesure de l'avancement du navire sur le train de roulement (4). Assemblage et équipement peuvent être exécutés de concert.

9

Propulsion

Le choix du système de propulsion détermine la vitesse et le coût d'exploitation d'un bateau. L'énergie nucléaire est utilisée pour les grands navires de guerre et les sous-marins, car elle leur confère une très large autonomie. Les turbines à gaz sont choisies lorsque des vitesses de pointe élevées sont exigées. Ces dernières années, les frais de combustible ont pris une importance dominante. Le rendement thermique a été amélioré. On a même fait appel à l'énergie éolienne dans un but d'économie.

Le moteur diesel: un moyen économique

Dans la marine marchande, ce sont les moteurs diesel qui se sont le plus perfectionnés. Les modèles les plus récents, très économiques, peuvent utiliser du fuel lourd de qualité médiocre. Les vraquiers géants, équipés d'un grand moteur diesel à haut rendement, sont capables de transporter 200 000 tonnes, en ne consommant que 50 à 60 tonnes de carburant par jour, soit trois fois moins qu'il y a une dizaine d'années.

▽ Ci-dessous, quelques options en matière de propulsion navale: le diesel économique, la turbine à gaz et sa version turboélectrique destinée aux navires de guerre rapides et la propulsion nucléaire qui offre une grande autonomie.

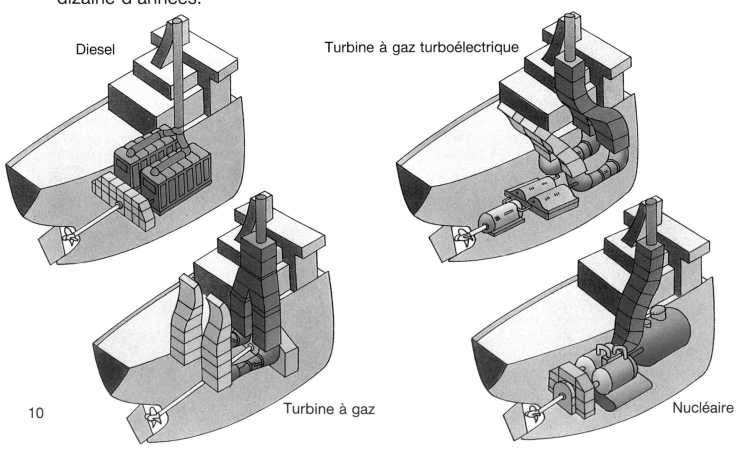

Diesel

Turbine à gaz turboélectrique

Turbine à gaz

Nucléaire

Cette formule japonaise de propulsion assistée d'une éolienne, a été appliquée sur des bâtiments dont le tonnage était de 30 000 tonnes. Un ordinateur combine l'action des voiles et celle du moteur afin d'obtenir la vitesse la plus économique. Un anémomètre, au sommet du mât (1), transmet la vitesse et la direction du vent (2) à l'ordinateur (3) situé sur le pont. Les ordres parviennent automatiquement, d'une part, au mécanisme de commande de la voilure pour assurer une orientation parfaite (4), et, d'autre part, au moteur pour le mettre au régime le plus rentable (5). Les voiles peuvent être employées même par vents de tempête. Leur utilisation assure une économie de carburant de l'ordre de 30 p.c.

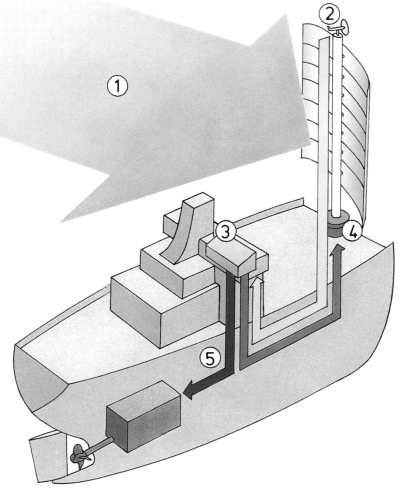

Navigation et communications

Le développement considérable des aides à la navigation a entraîné une grande réduction des membres de l'équipage. En temps normal, un seul officier de quart peut assurer la bonne conduite d'un grand navire marchand. A partir de la passerelle, il remplit sa mission de navigateur et surveille la salle des machines par un système de contrôle à distance; un positionnement précis lui est fourni instantanément, de jour comme de nuit, par des appareils de navigation radio à grande distance et des satellites. Un radar, assisté par ordinateur, repère et indique la position d'autres bateaux croisant dans les parages. Il réduit ainsi le risque de collision et permet de respecter rigoureusement l'horaire prévu, quelles que soient les conditions météorologiques.

◁ L'ordinateur est devenu un élément important de l'équipement d'un navire moderne. Ci-contre, le présentateur de données de passerelle qui fournit une mine d'informations à l'officier de quart. Il indique les éléments nécessaires à la prévention des collisions, la position du bâtiment et la route à suivre; il surveille le fonctionnement des moteurs. Il peut être connecté à d'autres ordinateurs chargés des opérations courantes et de l'enregistrement des données.

Les capteurs

Les satellites ont révolutionné le monde de la navigation et le domaine des communications. Sur ce schéma, les deux navires sont à même de faire le point avec précision au moyen du «Satnav», système de navigation par satellite (1).

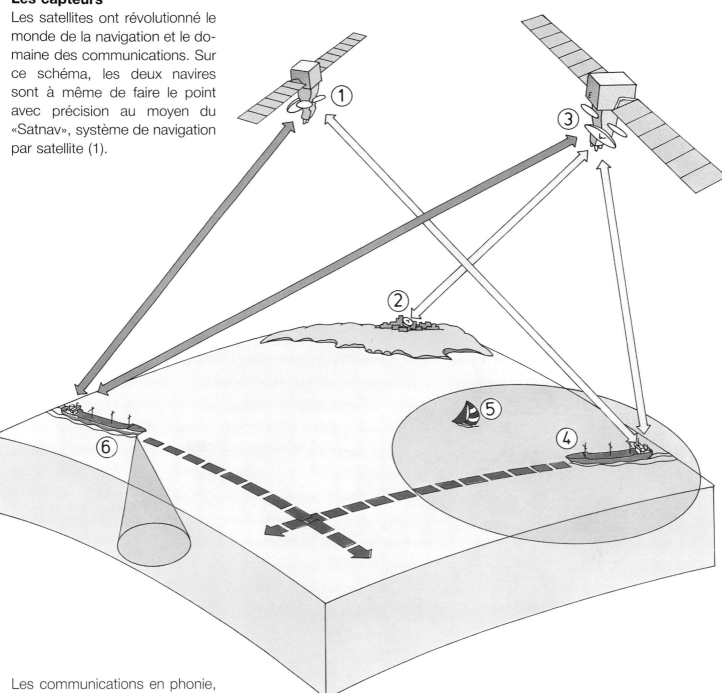

Les communications en phonie, l'échange de télex entre les bateaux et le siège de leur société (2) ont été améliorés grâce aux communications par satellite (3). Le radar anticollision du navire de droite (4) a détecté la présence d'un yacht (5) et calculé le cap à mettre pour l'éviter. Les anneaux sonores, visibles sur écran, émettent un son et avertissent de la présence d'un autre bâtiment. L'autre navire (6) déploie un sonar pour mesurer la profondeur de l'eau.

Maintien du contact

L'utilisation de matériels de communication par satellite a largement contribué à améliorer la précision des opérations maritimes. Les armateurs peuvent être en communication permanente avec leurs navires en n'importe quel point du globe, par télex et par téléphone. Ils peuvent contrôler à distance la propulsion de leurs bateaux. Les procédures de détresse sont aussi plus efficaces grâce à la fiabilité des communications.

Les ports

Un port moderne doit, idéalement, être ouvert au trafic maritime par tous les temps, et quelle que soit la marée. Les équipements de manutention doivent permettre des opérations rapides, car un navire à quai ne rapporte rien. Un centre de contrôle du trafic maritime est chargé de donner des directives aux navires qui s'approchent du port ou qui y manœuvrent. Grâce aux ordinateurs, il fournit tous les renseignements nécessaires à ceux qui en ont besoin. Ce centre est le cerveau d'un port moderne.

◁ Dans le centre de contrôle, le radar surveille les manœuvres des bateaux, tandis qu'un système de communications fournit les informations nécessaires aux agents, aux pilotes et aux services d'urgence.

Terminaux spécialisés

La tendance actuelle est de spécialiser les terminaux au sein d'un port par type de navire ou de cargaison. Il n'est pas rare de voir aujourd'hui un grand porte-conteneurs, utilisant les services de portiques au sol, réappareiller au cours d'une même marée. Un terminal moderne équipé pour la manutention de cargaisons en vrac, peut décharger 100 000 tonnes de charbon en deux jours, à l'aide de grappins d'une capacité de 70 tonnes.

▷ Des remorqueurs amènent un grand roulier (1) le long d'un quai (2). Deux porte-conteneurs de haute mer (3) procèdent à des opérations de manutention au terminal qui leur est assigné. Le frêt normalisé est entreposé dans des hangars (4), avant d'être acheminé par route. Les terminaux à conteneurs sont situés à côté d'un terminal ferroviaire (5).

14

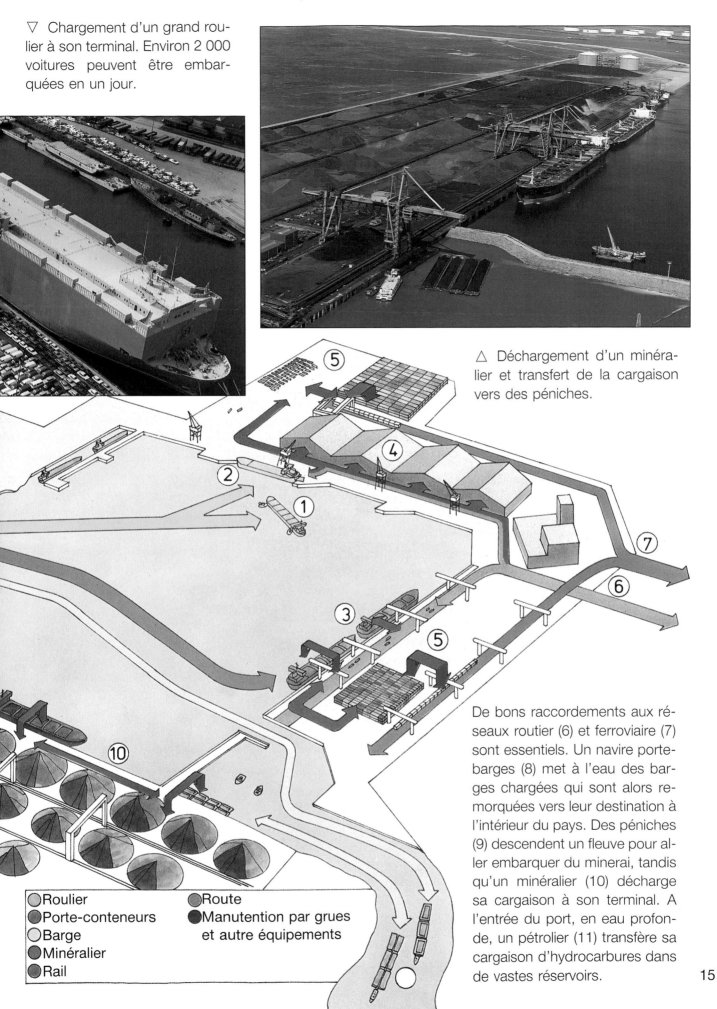

▽ Chargement d'un grand roulier à son terminal. Environ 2 000 voitures peuvent être embarquées en un jour.

△ Déchargement d'un minéralier et transfert de la cargaison vers des péniches.

De bons raccordements aux réseaux routier (6) et ferroviaire (7) sont essentiels. Un navire porte-barges (8) met à l'eau des barges chargées qui sont alors remorquées vers leur destination à l'intérieur du pays. Des péniches (9) descendent un fleuve pour aller embarquer du minerai, tandis qu'un minéralier (10) décharge sa cargaison à son terminal. A l'entrée du port, en eau profonde, un pétrolier (11) transfère sa cargaison d'hydrocarbures dans de vastes réservoirs.

⬤Roulier ⬤Route
⬤Porte-conteneurs ⬤Manutention par grues et autre équipements
◯Barge
⬤Minéralier
⬤Rail

15

Porte-conteneurs et navires porte-barges

L'usage, mondialement répandu, de conteneurs de 20 et 40 pieds a singulièrement amélioré l'efficacité des transports. Ces modules sont expédiés d'une usine à l'autre sans être ouverts. Des porte-conteneurs spécialisés, aux compartiments garantissant la sécurité de l'arrimage, ont pratiquement conquis le monopole des transports hauturiers. Des bateaux plus petits acheminent les conteneurs des grands terminaux du port vers des destinations différentes et inversement. Les grands porte-conteneurs peuvent charger jusqu'à 4 000 conteneurs de 20 pieds, mais la capacité moyenne est de 2 à 3 000 unités.

▽ Un des porte-conteneurs «Evergreen» de Taiwan entre en rade. Insensible aux intempéries, un grand nombre de conteneurs peut être chargé sur le pont. Ce navire peut transporter plus de 3 000 conteneurs. Le chargement est effectué par des grues portuaires.

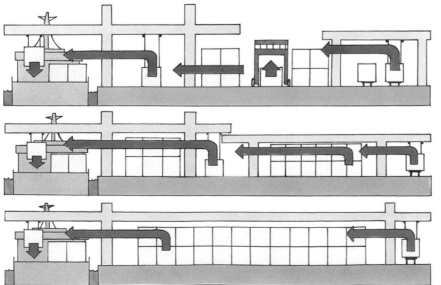

◁ Divers agencements de terminaux pour conteneurs: au-dessus, un petit portique décharge un wagon de chemin de fer. Un chariot-cavalier empile les conteneurs sous le portique principal, qui les enlève et les charge sur le navire. Au centre, le portique de droite chevauche le tas de conteneurs qu'il transfère à tour de rôle à la grue du navire. Au-dessous, un seul portique effectue toutes les opérations de transfert.

Le pilotage de navires géants

Les conséquences d'une collision ou de l'échouage d'un navire transportant une cargaison de pétrole, de gaz ou de produits chimiques peuvent être catastrophiques. Toutes les précautions sont donc prises pour minimiser les risques. Le simulateur permet d'entraîner les pilotes et les équipages dans des conditions identiques à celles de la réalité.

▽ Dans le simulateur de passerelle, un écran, relié à un ordinateur, reproduit les conditions d'approche d'un port déterminé. Le fonctionnement des appareils, le bruit et les vibrations restituent une situation quasi réelle.

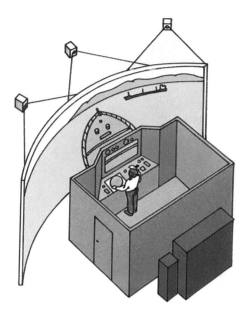

Trois grands transporteurs durant le pompage du pétrole

Paquebots et transbordeurs

Des navires de croisière prestigieux conçus pour une clientèle de vacances ont succédé aux vieux transatlantiques. L'accent a été mis sur le luxe. Des installations dignes d'un hôtel de première classe ainsi que des distractions variées sont à la disposition de tous les passagers. Il n'est donc pas étonnant que ces bateaux figurent parmi les unités les plus chères des navires marchands.

▽ Sur la photo du haut, le navire britannique Royal Princess. Dès sa mise en service sur le marché des croisières américaines, il devint la nouvelle référence du grand luxe. L'agencement des ponts multiples permet à tous les passagers de disposer d'une cabine donnant sur la mer. Des suites sont aménagées sur le pont supérieur. La photo du bas, montre un transbordeur géant sillonnant la Baltique. Ce car-ferry peut transporter non seulement des passagers et leurs voitures, mais aussi de nombreux camions avec leurs remorques. Grâce à ses portes de proue et de poupe, le chargement et le déchargement s'effectuent en moins d'une heure.

Le Royal Princess, par exemple, a été vendu à la P & O Shipping Line pour la somme de 150 millions de livres sterling.

L'avènement des «Superferries»

La plupart des transbordeurs assurent le transport simultané de passagers et de véhicules. Ce sont des bâtiments très sophistiqués. Ils offrent à 1 500 passagers un confort équivalent à celui des paquebots. Les exploitants de tels bateaux en exigent une rotation rapide. Pour gagner du temps, les véhicules traversent la cale en utilisant les portes de proue et de poupe. Les caractéristiques de l'aéroglisseur, qui se meut sur un coussin d'air, et de l'hydroptère ont assuré la popularité de ces deux bateaux dans les liaisons rapides.

▽ L'hydroptère à réaction de Boeing est mondialement utilisé pour les liaisons rapides. Il peut se déplacer à une vitesse de croisière de 40 nœuds. Par mer forte une navigation régulière est assurée par l'action combinée d'un altimètre acoustique (1) relié à un ordinateur (2) qui contrôle l'orientation des plans porteurs avant (3). Ceux-ci peuvent être rétractés lorsque le bateau flotte. Le bâtiment est muni de turbines à gaz (4) qui aspirent l'eau à travers un canal (5) pour l'expulser ensuite à grande vitesse par des tuyères (6).

Hydroptère à réaction de Boeing

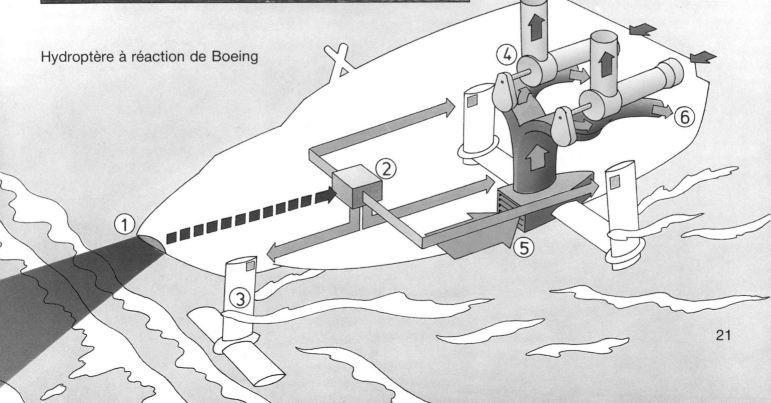

Navires de guerre

La mission des stratèges et des ingénieurs navals s'inscrit dans le cadre de la défense nationale. Elle a trait à la protection des navires marchands, à la sécurité des routes maritimes. Depuis quelques années, l'emploi des sous-marins dans une guerre moderne doit également être pris en considération. Tous les navires de guerre sont conçus et utilisés dans cette optique.

▽ Le navire de guerre moderne est conçu en fonction de l'armement et des appareils dont il sera équipé: moteurs, systèmes électroniques, artillerie, armes anti-sous-marines et antiaériennes et armes surface-surface.

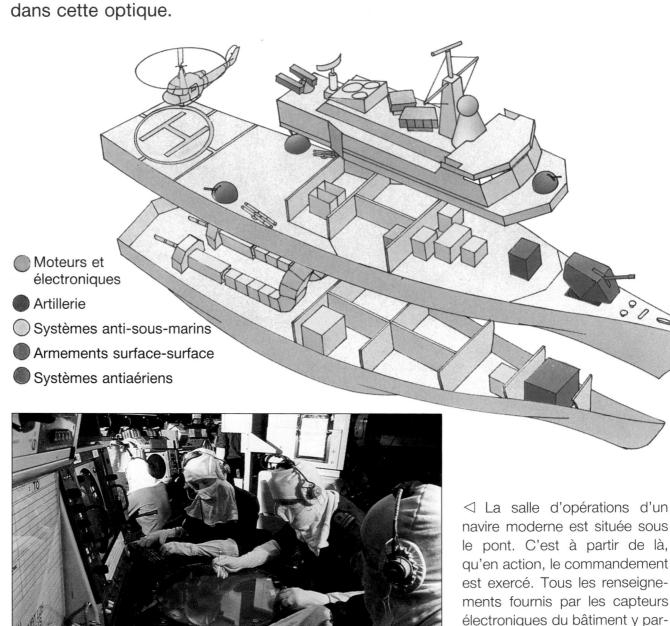

⬤ Moteurs et électroniques

⬤ Artillerie

⬤ Systèmes anti-sous-marins

⬤ Armements surface-surface

⬤ Systèmes antiaériens

◁ La salle d'opérations d'un navire moderne est située sous le pont. C'est à partir de là, qu'en action, le commandement est exercé. Tous les renseignements fournis par les capteurs électroniques du bâtiment y parviennent. Sur cette photo, les membres de l'équipage sont munis de vêtements de protection contre les brûlures en cas d'explosion.

Les clefs de la stratégie

La stratégie navale s'articule autour de trois axes : la guerre électronique, l'emploi d'armes guidées et l'utilisation de sous-marins nucléaires. Des capteurs électroniques détectent l'ennemi et des ordinateurs calculent ses coordonnées. Les cerveaux électroniques d'un navire de guerre coûtent plus cher que le vaisseau lui-même. L'utilisation des armes téléguidées a élargi le champ d'action d'un bâtiment de guerre bien au-delà de l'horizon. Grâce à ces stratégies, le sous-marin possède maintenant une force de dissuasion doublée d'une efficacité d'attaque.

▽ Ce navire est l'un des chasseurs de mines les plus récents. Il peut naviguer silencieusement. Souvent construit en matériaux non magnétiques, comme les fibres de verre, ce type de bâtiment est bien adapté à la lutte contre les mines magnétiques. Il peut aussi mettre à l'eau et diriger des robots submersibles pour rechercher et détruire des mines de fond.

▷ Cette flotte est constituée d'un porte-avions (1) protégé par des croiseurs (2), des frégates (3) et des destroyers anti-sous-marins (4) qui ont aussi une mission contre des attaques en surface ou aériennes. Un navire d'assaut (5) lance des péniches de débarquement (6) et sert de plate-forme pour hélicoptères. Des navires d'appui assurent le ravitaillement (7), tandis que des sous-marins (8) patrouillent à l'horizon.

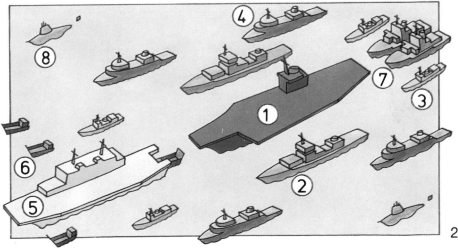

Sous-marins

Les sous-marins modernes sont à propulsion diesel-électrique ou nucléaire. On peut classer les sous-marins nucléaires en sous-marins d'attaque et en sous-marins lance-missiles balistiques (SSBN). La mission des sous-marins d'attaque est de détruire les autres sous-marins et les navires de surface au moyen de torpilles et de missiles à courte portée. Les SSBN servent de plate-forme de lancement aux missiles téléguidés, porteurs de têtes nucléaires. Cachés quelque part dans les océans, ils ont une mission de dissuasion contre toute nation susceptible de déclencher la première une salve nucléaire.

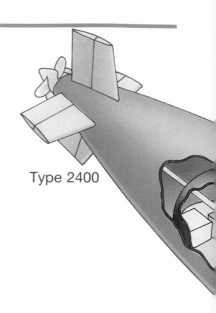

Type 2400

L'armement des sous-marins

Les SSBN sont armés de missiles balistiques lancés sous l'eau, tels le «Polaris» ou le «Trident». Certains d'entre eux sont pourvus de missiles «Cruise» volant à basse altitude. Les sous-marins d'attaque sont armés de torpilles, de missiles anti-sous-marins et de missiles destinés aux navires en surface. Les plus grands sous-marins actuellement en service sont les SSBN soviétiques de la classe Typhoon.

△ Le nouveau sous-marin soviétique porte-missile, de la classe Typhoon, jauge 30 000 tonnes. Il transporte des missiles balistiques intercontinentaux. Cet énorme navire nucléaire mesure plus de 200 mètres de long. Il est considéré comme la réplique soviétique du SSBN américain «Ohio», armé du «Trident».

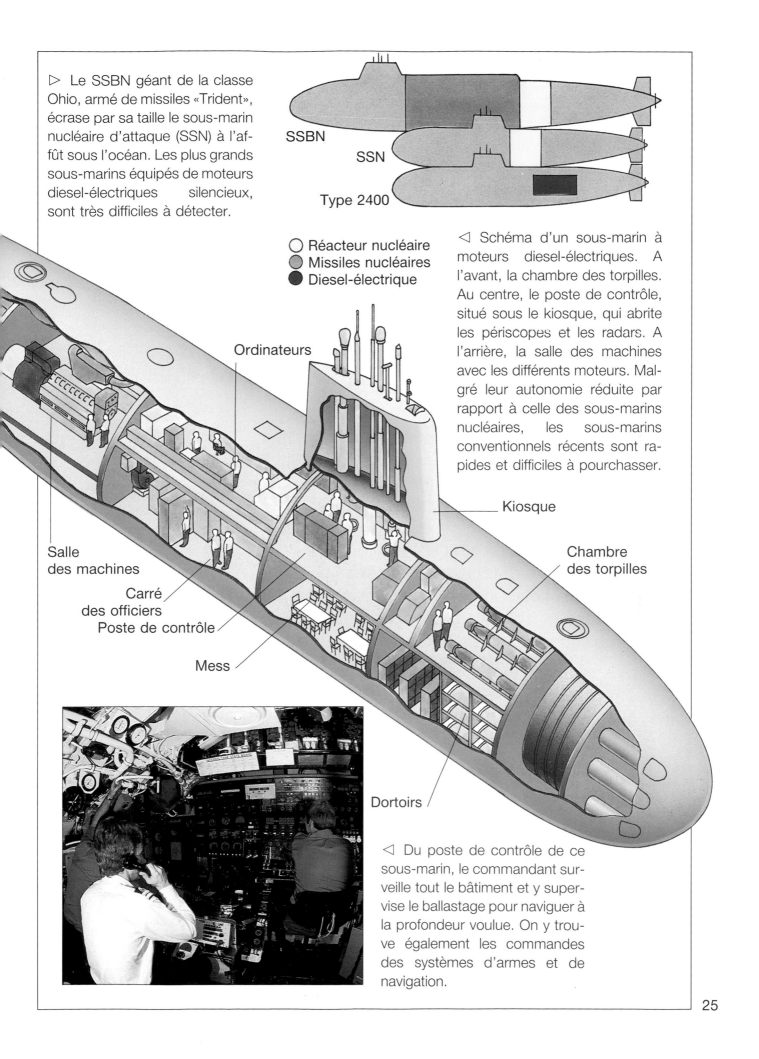

▷ Le SSBN géant de la classe Ohio, armé de missiles «Trident», écrase par sa taille le sous-marin nucléaire d'attaque (SSN) à l'affût sous l'océan. Les plus grands sous-marins équipés de moteurs diesel-électriques silencieux, sont très difficiles à détecter.

SSBN

SSN

Type 2400

○ Réacteur nucléaire
◐ Missiles nucléaires
● Diesel-électrique

◁ Schéma d'un sous-marin à moteurs diesel-électriques. A l'avant, la chambre des torpilles. Au centre, le poste de contrôle, situé sous le kiosque, qui abrite les périscopes et les radars. A l'arrière, la salle des machines avec les différents moteurs. Malgré leur autonomie réduite par rapport à celle des sous-marins nucléaires, les sous-marins conventionnels récents sont rapides et difficiles à pourchasser.

Ordinateurs

Kiosque

Salle des machines

Chambre des torpilles

Carré des officiers

Poste de contrôle

Mess

Dortoirs

◁ Du poste de contrôle de ce sous-marin, le commandant surveille tout le bâtiment et y supervise le ballastage pour naviguer à la profondeur voulue. On y trouve également les commandes des systèmes d'armes et de navigation.

Navires spécialisés

Il existe toute une variété de navires à vocation spécifique : le remorquage de bateaux en détresse, le transport de chargements pondéreux ou volumineux, la satisfaction des exigences propres aux exploitations pétrolières en mer, l'entretien des chenaux de navigation dans les glaces, etc. Un grand remorqueur dispose d'une puissance considérable et d'une grande capacité de pompage. Un brise-glace possède une coque solidement renforcée et est extrêmement manœuvrable. Les pétroliers sont particulièrement stables.

Transporteurs particuliers

C'est dans la flotte des transporteurs de charges lourdes ou volumineuses que l'on rencontre des bâtiments particulièrement impressionnants. Ils peuvent transporter des charges comme des derricks de forage ou des éléments de plates-formes. Certains de ces bateaux sont équipés de grues capables de soulever 1 500 tonnes. D'autres peuvent s'enfoncer dans l'eau sous une cargaison flottante, refaire surface ayant chargé, ensuite transporter cette cargaison qui peut atteindre 10 000 tonnes.

▽ L'Otso, dernier né des brise-glaces finlandais, se distingue par une coque en acier inoxydable qui ne requiert pas de peinture. Il possède un système de protection qui diminue la friction de la glace en générant autour de la coque un rideau de bulles. Extrêmement puissant, il peut trancher une épaisse couche de glace.

Les transports de charges très lourdes ou volumineuses et indivisibles sont du ressort exclusif d'une flotte spécialisée. Certains bateaux sont équipés de mâts de charge très puissants, pouvant soulever des masses de plus de 600 tonnes. D'autres, conçus comme rouliers, peuvent embarquer des véhicules à chenilles ou à essieux multiples. Des centrales énergétiques, des raffineries, des éléments de derricks, du matériel ferroviaire constituent souvent la cargaison de ces navires.

▽ Un nouveau type de bâtiments de charges lourdes (1) a été développé pour le transport, en toute sécurité, en haute mer, de grands engins flottants. Le ballastage permet d'immerger le pont principal (2), d'amener la charge flottante (ici, un derrick de forage pétrolier) au-dessus du pont auquel elle sera arrimée (3) pour la traversée, après la vidange du ballast.

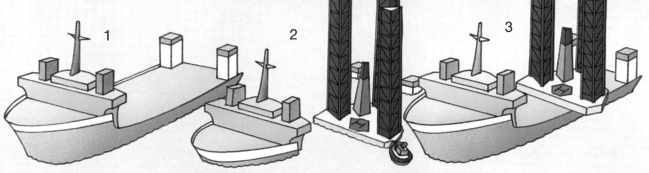

1 2 3

Perspectives d'avenir

Des coques plus performantes, l'emploi de robots, de navires contrôlés à distance, de sous-marins marchands géants, tels sont les sujets des recherches menées par les ingénieurs spécialisés. D'ici un quart de siècle, les plastiques pourraient remplacer l'acier et devenir le principal matériau de construction. Les systèmes de propulsion pourraient inclure l'utilisation de champs électromagnétiques. L'énergie éolienne est également étudiée pour compléter les énergies traditionnelles.

▽ Ces deux dessins illustrent la vision de luxueux navires de villégiature. Ces vaisseaux futuristes, équipés notamment d'installations de sports nautiques, mouilleraient en des endroits différents et sélectionnés selon les opportunités saisonnières.

Regard sur le vingt et unième siècle

D'extraordinaires modèles de navire de croisière futuristes existent déjà. Le catamaran semi-submersible paraît constituer une bonne formule de compromis pour des bateaux exigeant simultanément vitesse et stabilité. Pour réduire le personnel lors de voyages au long cours, on peut imaginer des convois de bateaux contrôlés par des robots et surveillés par un seul navire-guide avec équipage. Dans les marines de guerre cependant, les performances demeureront le principe directeur, tandis que les marines marchandes mettront l'accent sur l'aspect économique plutôt que sur la vitesse.

▽ Les ingénieurs et les dessinateurs étudient l'utilisation de cerfs-volants ou de voiles pour épauler les moteurs des navires. Ils songent à des coques semi-submersibles surmontées de ponts à grande surface et envisagent même la propulsion par turbines faisant exclusivement appel à l'énergie éolienne.

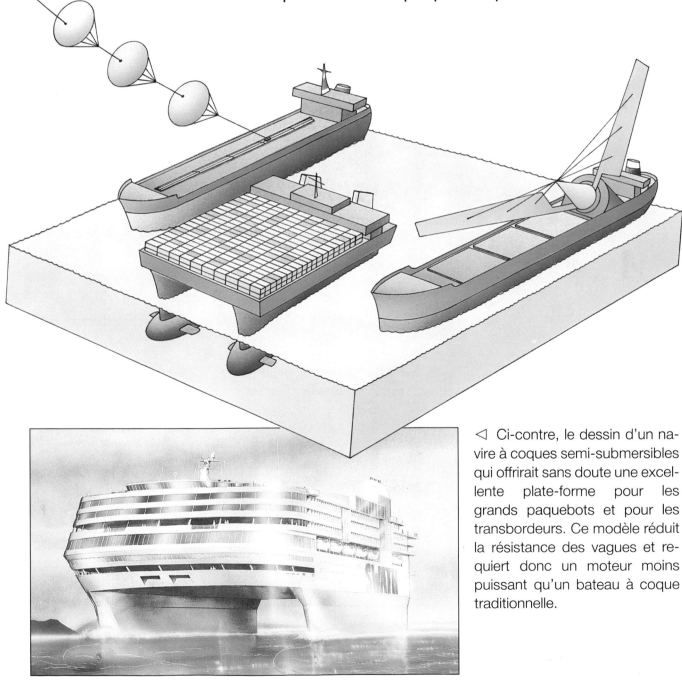

◁ Ci-contre, le dessin d'un navire à coques semi-submersibles qui offrirait sans doute une excellente plate-forme pour les grands paquebots et pour les transbordeurs. Ce modèle réduit la résistance des vagues et requiert donc un moteur moins puissant qu'un bateau à coque traditionnelle.

29

Aperçu historique

1802

Le Charlotte Dundas, premier vapeur fiable, est mis en service sur le canal Forth & Clyde en Écosse.

1900

John P. Holland fonda la Electric Boat Company qui construira, aux États-Unis, les premiers sous-marins.

1912

• Construction du premier navire transatlantique propulsé par des moteurs diesels.
• Au cours de son voyage inaugural, le paquebot Titanic heurte un iceberg et sombre.

1952

Le United States, transatlantique le plus rapide de tous les temps, traverse l'Atlantique à une moyenne de plus de 35 nœuds et gagne le «Blue Riband Trophy».

1955

• Les Américains sont les premiers à mettre à l'eau un sous-marin nucléaire, le Nautilus, qui, en 1958 sera le premier navire à atteindre le Pôle Nord.
• Sir Christopher Cockerill fait breveter le projet d'aéroglisseur (hovercraft). Quatre ans plus tard a lieu le premier «vol» de ce type de navire.

1965

Inauguration de la première ligne régulière de navire porte-conteneurs à travers l'Atlantique Nord.

1969

L'Acadia Forest, premier navire porte-barges, est construit au Japon.

1973

Les prix du pétrole quadruplent et font monter le coût d'exploitation des navires, ce qui provoque les études de navires mieux profilés ou plus lents, donc meilleur marché.

1976

Le Battilus, un pétrolier de 550 000 tonnes, est fabriqué dans un chantier naval français. C'est la plus grande construction mobile réalisée jusqu'alors par l'homme.

1977

Le brise-glace nucléaire soviétique Arktika s'ouvre la route jusqu'au Pôle Nord.

1978

Le pétrolier géant Amoco Cadiz s'échoue à proximité de la côte française. 200 000 tonnes de brut se répandent.

1985

La P & O acquiert le nouveau paquebot de croisière Royal Princess pour la somme de 150 millions de livres sterling. C'est le navire marchand le plus coûteux de tous les temps.

Glossaire

Anneaux de sécurité Dispositif électronique, relié au radio de bord, qui déclenche un signal sonore d'alerte lorsqu'un autre navire pénètre à l'intérieur d'un périmètre circulaire, représenté sur l'écran du radar (en anglais: «Guard rings»).

Ballast Réservoir d'eau de mer dont le remplissage ou la vidange permet à un sous-marin de plonger ou de faire surface et à un bâtiment de commerce, soit d'ajuster son équilibre longitudinal et transversal à sa cargaison, soit de s'immerger partiellement pour des opérations de chargement ou de déchargement de cargaisons flottantes.

Chariot-cavalier Sorte de portique mobile sur pneus, faisant partie de l'équipement portuaire de manutention et servant notamment au transport et au stockage de conteneurs en leur terminal (en anglais: «Straddle carrier»).

Portique Grue portuaire en forme de pont, se déplaçant sur rails (en anglais: «Gantry»).

Roulier Navire marchand sur lequel les opérations de chargement et de déchargement s'effectuent par roulage (en anglais: «Ro-ro-ship» ou Roll-on, Roll-off ship»).

Sonar Abrégé de l'expression anglaise: «Sound navigation and ranging» ou navigation et localisation par le son. Elément vital de l'équipement du sous-marin, le sonar, appareil électronique utilisant des ondes sonores, sert à déterminer la profondeur des fonds marins, à détecter d'autres navires ou des obstacles sous-marins.

Index

Origine des photographies
Couverture et page 11 : Bruce Colman; page de sommaire et page 24 : Mars; page de titre, pages 8 et 9 : Maritime Institute of the Netherlands; page 8 : British Shipbuilders; page 12, 20, 21 et 23 : Ajax News et Features Service; pages 14 et 25 : David Higgs; pages 14-15 et 15 : Port de Rotterdam; page 16 : Evergreen Lines; page 17 : Delta Steamship Company; pages 18 et 22 : l'auteur; page 19 : Racal Decca; page 20 et 27 : Beken of Cowes; pages 26, 28 et 29 : Wartsila Shipyards, Helsinki; page 27 : Wijsmuller Bureau.

Remerciements
Les éditeurs remercient les organismes suivants pour l'aide accordée dans la rédaction de cet ouvrage: British Maritime Technology, British Shipbuilders, Japan Ship Centre, Ministry of Defence, Racal Decca (Marine Division) et Wartsila Shipyards, Helsinki.